Manfred Mai

WARUM Geschichten

VOM SCHMUSEN UND LIEBHABEN

Zeichnungen von Dagmar Geisler

Loewe

Die Deutsche Bibliothek – CIP-Einheitsaufnahme

Mai, Manfred:
Warum-Geschichten / Manfred Mai.
Zeichnungen von Dagmar Geisler.
Bindlach : Loewe.
Vom Schmusen und Liebhaben.
3. Aufl. – 1994
ISBN 3-7855-2427-7

ISBN 3-7855-2427-7 – 3. Auflage 1994

Umschlagillustration: Dagmar Geisler
Umschlagkonzeption: Karin Roder
Satz: Fotosatz Leingärtner, Nabburg
Gesamtherstellung: L.E.G.O. S.P.A., Vicenza
Printed in Italy

Inhalt

Warum ist eine Schweinerei manchmal schön?

Seit drei Tagen sind die Schmitts an der Nordsee. Mama und Papa Schmitt liegen meistens im Strandkorb. „Ist das nicht herrlich?" schwärmen sie mindestens zehnmal am Tag. „Einfach hier liegen und nichts tun müssen."

„Ist doch langweilig", sagt Melanie. Sie spielt lieber mit anderen Kindern.

Gerade sind sie dabei, Annika mit Sand zuzuschütten. Nils buddelt wie ein Hund, Melanie schaufelt wie ein Bagger, Daniel, Ninette und Marcel nehmen ihre Eimer, und bald sind von Annika nur noch die Zehen und der Kopf zu sehen.

„Jetzt holen wir Wasser und schütten es drauf", schlägt Nils vor.

„Nicht!“ ruft Annika. „Dann wird ja alles matschig.“

„Matschig ist doch schön“, sagt Daniel. „Mich dürft ihr zumatschen.“ Sofort legt er sich auf den Rücken.

Die andern helfen Annika schnell aus dem Sand, dann holen sie Wasser und Schlick-

schlamm. Damit wird Daniel von oben bis unten eingeschmiert. Er sieht aus wie ein Ferkel, das sich im Schlamm gewälzt hat.

„Ich will auch mal“, sagt Melanie und legt sich hin.

„Mit Badeanzug nicht gut“, sagt Ninette. Sie ist aus Frankreich und spricht nicht so gut deutsch.

Melanie überlegt nicht lange und zieht ihren Badeanzug aus. Dann wird auch sie von oben bis unten vollgeschmiert.

Als der kleine Marcel an der Reihe ist, quietscht er vor Vergnügen.

Zwei ältere Leute kommen vorbei. „Also diese Kinder heutzutage! Wie die Schweine. Daß die sich nicht schämen." Kopfschüttelnd gehen sie weiter.

Ein Liebespaar bleibt stehen. „Dazu hätte ich auch Lust", sagt die junge Frau.

„Dann tu's doch!" meint ihr Freund und lacht.

„Das geht doch nicht, hier vor all den Leuten." Die junge Frau wird ein bißchen rot.

„Warum denn nicht?" fragt er.

„Das können nur Kinder machen", antwortet sie.

„Stimmt das?" fragt der junge Mann die Kinder. „Ist sich mit Schlamm beschmieren für Erwachsene verboten?"

„Nein!" ruft Melanie. „Das dürfen alle."

„Na, siehst du", sagt er zu seiner Freundin.

„Ich will aber nicht", sagt sie und geht schnell weiter.

Er zieht die Schultern hoch. „Schade. Aber wenn sie nicht will, ist nichts zu machen." Er winkt kurz. „Tschüs, und noch viel Spaß!"

Die Kinder stehen um Annika herum. „Jetzt kommst du auch noch dran“, sagt Melanie.

„Ich . . . Ich weiß nicht . . .“ Annika schaut zum Strandkorb ihrer Eltern. Der ist leer. Da zieht sie schnell ihren Badeanzug aus und legt sich hin. Daniel und Ninette holen neuen Schlick, und wenig später ist auch von Annikas Haut nichts mehr zu sehen. Sie schaut an sich hinunter und strahlt.

„Kommt, jetzt erschrecken wir meine Mami“, sagt Nils.

Sie schleichen von hinten zu ihrem Strandkorb. Dann springen sie alle vor und heulen wie die Indianer.

„Huch!“ ruft Nils’ Mutter und läßt ihr Buch fallen. „Habt ihr mich erschreckt!“

Doch dann fängt sie an zu lachen. „Ihr seht ja toll aus! Bleibt bitte mal stehen!“ Sie kramt in ihrer Tasche. „Ich muß unbedingt ein Foto von euch machen.“

„Au ja!“ rufen die Kinder und stellen sich in Pose. Schon macht es „klick“. Und noch einmal „klick“.

„Annika!“ ruft plötzlich eine Stimme. „Wie siehst du denn aus?!“ Annikas Mutter packt sie an der Hand. „Pfui Teufel! So eine Schweinerei! Du wäschst sofort den Dreck ab und ziehst

deinen Badeanzug an! Man muß sich ja schämen."

„Aber ich . . . Wir . . ."

„Ich will kein Wort hören!" schimpft Annikas Mutter.

„Das ist doch nichts Schlimmes", sagt Nils' Mutter. „Die Kinder . . ."

Aber Annikas Mutter hört nicht mehr. Sie zieht Annika hinter sich her zum Wasser.

„Warum sie böse?“ fragt Ninette.

„Ihr seid ihr zu dreckig und zu nackt“, antwortet Nils’ Mutter.

„Nackt und dreckverschmiert ist doch toll“, sagt Melanie. „Ich lauf’ jetzt ins Wasser. Und wenn ich sauber bin, dürft ihr mich noch mal vollschmieren.“

„Mich auch!“ rufen die andern und laufen hinter Melanie her.

Warum ist Jakob anders?

Auf dem Spielplatz in der Weststadt ist noch alles ruhig. Nur eine Katze schleicht am Sandkasten entlang. Plötzlich hebt sie den Kopf und lauscht. Schritte kommen näher. Die Katze duckt sich. Jakob kommt um die Ecke, sieht die Katze und bleibt stehen. Einen Augenblick lang schauen sich die beiden an. Dann sagt Jakob leise: „Du brauchst keine Angst zu haben. Ich tu' dir nichts."

Er geht langsam auf die Katze zu. „Miau", macht die und streicht um Jakobs Beine. Jakob bückt sich und fährt noch etwas unsicher über ihren Rücken. Die Katze schmiegt sich an ihn. Da hebt er sie vorsichtig hoch, setzt sich mit ihr auf eine Bank und streichelt sie. „Du bist schön weich." Die Katze schnurrt zufrieden.

Nicki und Verena, Frank und Sven kommen angelaufen.

„He, was machst du denn da?“ ruft Sven.

„Psst, nicht so laut“, sagt Jakob.

„Guckt mal, der sitzt da und streichelt eine Katze“, spottet Frank.

„Na und?“ fragt Nicki. „Ich hab’ auch eine Katze.“

„Du bist ja auch ein Mädchen“, sagt Frank.

Nickis Augen werden kleiner. „Und du bist doof!"

Frank tänzelt wie ein Boxer vor Nicki herum. „Ich bin stärker als du."

„Ist mir doch egal." Nicki zuckt mit den Achseln und setzt sich neben Jakob. „Darf ich sie auch mal streicheln?"

Jakob nickt.

„Guckt mal, Jakob und Nicki sind verliebt!" Frank lacht. „Paßt auf, gleich küssen sie sich!"

„Iiiii!" macht Sven. „Pfui Teufel!"

„Bäh!" Nicki streckt die Zunge raus.

„Werd bloß nicht frech!" droht Sven und fuchtelt mit den Fäusten vor Nickis Nase herum.

„Ihr wollt immer boxen und schlagen", sagt Nicki. „Jakob macht das doch auch nicht."

Frank und Sven lachen. „Der ist ja auch ein Angsthase und kein richtiger Junge!"

„Jakob ist viel netter als ihr", sagt Verena.

„Dann heiratet euch doch alle drei!" ruft Sven.

Verena tippt sich an die Stirn. „Blödmann!"

„Haut doch ab, wenn ihr bloß streiten wollt", sagt Jakob.

„Halt du die Klappe, sonst . . ." Frank hebt drohend die Fäuste.

„Dann gehen wir eben." Jakob setzt die Katze auf den Boden.

„Warum sollen wir gehen?“ fragt Nicki. „Wir tun denen ja nichts. Sollen die doch verschwinden!“

„Wir bleiben hier!“ brüllt Sven.

Jakob steht auf. „Warum sollen wir nicht gehen, wenn's uns hier nicht mehr gefällt?“

„Weil die sich dann freuen“, antwortet Nicki.

„Sollen sie doch“, sagt Jakob. „Das kann uns doch egal sein.“

Warum dürfen sich Männer und Frauen nicht zusammen umziehen?

Familie Schneider möchte mal wieder ins Schwimmbad. Während Papa an der Kasse das Eintrittsgeld bezahlt, gehen Mama und Rike schon in Richtung Umkleideraum. Julian trottet den beiden hinterher.

„He, du mußt auf Papi warten, du darfst hier nicht rein“, sagt Rike, als Julian hinter ihr in den Umkleideraum will.

„Warum nicht?“

„Weil das nur für Mädchen ist.“

„Dann darf Mama auch nicht rein“, sagt Julian. „Die ist nämlich auch kein Mädchen.“

Rike stöhnt und verdreht die Augen. „Aber Mama ist eine Frau, du Doofkopp!“

„Selber!“ sagt Julian.

„Julian, komm mit mir!“ ruft Papa. „Wir müssen hier hinein.“

„Warum dürfen wir uns nicht zusammen umziehen?“ fragt Julian.

„Weil wir Männer sind, und Mama und Rike Frauen.“

„Rike ist doch keine Frau.“

„Aber sie wird mal eine“, sagt Papa. „Und du wirst ein Mann. Deswegen müssen sie sich dort drin umziehen und wir hier.“

„Versteh’ ich nicht. Zu Hause ziehen wir uns doch auch zusammen um.“

Papa lacht. „Wir sind ja auch eine Familie.“

Julian guckt Papa komisch an. „Sind wir im Schwimmbad keine Familie?“

„Natürlich, aber hier sind wir nicht allein“, erklärt Papa. „Im Umkleideraum ist vielleicht eine Frau, die nicht möchte, daß wir sie nackt sehen.“

„Warum?“

„Weil . . . Weil . . .“ Papa stöhnt. „Das ist schwer zu erklären. Ich möchte auch nicht, daß fremde Menschen mich nackt sehen. Die meisten Menschen möchten das nicht.“

„Mama und Rike sehen die Frau doch auch nackt.“

„Mama und Rike sind aber Frauen. Da ist das was anderes.“

Julian denkt nach. „Frauen dürfen andere Frauen nackt sehen, aber Männer nicht."

„So ist es", sagt Papa erleichtert.

Wieder denkt Julian nach. „Wir haben einen Pimmel, Frauen haben eine Muschi und einen Busen. Das weiß doch jeder. Warum sollen wir uns deswegen nicht miteinander umziehen? Das versteh' ich nicht!"

„Je mehr ich darüber nachdenke, desto weniger verstehe ich es selbst", gesteht Papa. „Aber so ist es bei uns nun mal geregelt: Frauen zu Frauen und Männer zu Männern. Und wer

UMKLEIDERA
FUN
SUN

überhaupt nicht nackt gesehen werden möchte, kann sich in einer Einzelkabine umziehen. Ich glaube, wir beide können damit leben, auch wenn wir das nicht ganz verstehen." Papa zwinkert Julian zu. „Was meinst du?"

Julian zieht die Schultern hoch. „Ich will jetzt endlich ins Wasser."

Warum redet niemand gerne darüber?

Draußen regnet es schon den ganzen Tag. Axel sitzt auf dem Wohnzimmersofa und träumt vor sich hin. Dabei wandert seine Hand in die Hose. Axels große Schwester Christina kommt ins Zimmer, aber Axel bemerkt sie nicht.

„Na, macht's Spaß?“ fragt Christina.

Axel zieht schnell die Hand aus der Hose und wird knallrot.

„Du brauchst dich doch deswegen nicht zu schämen“, sagt Christina.

„Aber . . . Ich . . .“ Axel schaut an seiner Schwester vorbei.

Christina setzt sich neben ihn. „Da ist doch nichts dabei. Das machen doch alle.“

„Wirklich?“ fragt Axel erstaunt. „Du auch?“

„Klar!"

„Aber du . . ." Axel stockt. „Du hast doch gar keinen Pimmel."

Christina lacht. „Du meinst wohl, das geht nur mit einem Pimmel!"

„Du bist gemein!" sagt Axel, weil Christina sich über ihn lustig macht.

„War nicht so gemeint, Ehrenwort." Christina guckt Axel an. „Paß auf! Ich habe keinen Pimmel, aber eine Scheide. Wenn ich die streichle und reibe, ist das genauso schön, wie wenn du deinen Pimmel reibst."

„Wirklich?" fragt Axel noch einmal. Er kann sich das gar nicht vorstellen. „Ich . . . Ich habe immer gedacht, nur ich mache das."

„Bestimmt nicht", sagt Christina, „ganz bestimmt nicht. Ich hab' mal irgendwo gelesen, daß die meisten Menschen das manchmal machen. Kinder genauso wie Erwachsene. Aber sie reden nicht gerne darüber. Niemand redet gern darüber."

„Warum?" fragt Axel.

„Früher dachten alle, es sei etwas Schlechtes, wenn man sich selbst streichelt", antwortet Christina.

„Warum?" fragt Axel wieder. „Du hast doch gesagt, es ist nichts dabei."

MUSIC
ROCK
und
POP

„Stimmt, es ist auch überhaupt nichts dabei. Es macht einfach Spaß, es ist schön und angenehm. Und genau deswegen tun wir es ja auch.“

Axel nickt. Er ist froh, daß er so eine tolle Schwester hat.

Warum hat Tommi keinen Papi?

Steffen sitzt in der Küche am Eßtisch und macht Schulaufgaben.

Papa steht am Spültisch und spült Geschirr ab. „Hallo!“ sagt Papa. „Du guckst schon wieder ein Loch in die Luft.“

„Ich gucke kein Loch in die Luft, ich denke nach.“

„Das ist gut“, sagt Papa. „Worüber denkst du denn nach? Ich hoffe, über deine Aufgaben.“

„Nö, die kann ich ohne Nachdenken.“

„Ach so.“ Papa schmunzelt. „Darf ich wissen, worüber du gerade nachdenkst?“

„Franziska hat in der Schule erzählt, daß der Tommi keinen Papi hat. Aber das geht doch gar nicht.“

„Warum nicht?“

REZEPT

„Du hast mal gesagt, nur wenn ein Mann und eine Frau sich lieben, können sie ein Kind bekommen“, antwortet Steffen.

„Hab’ ich das?“

„Ja!“

„So ist es normalerweise auch“, sagt Papa.

„Dann muß Tommi doch einen Papi haben“, sagt Steffen.

Papa nickt. „Den hat er auch. Jeder Mensch hat einen Vater und eine Mutter. Aber nicht immer leben Vater, Mutter und Kinder zusammen.“

„Warum nicht?“

„Tja, weißt du, manchmal spüren die Eltern, daß sie sich nicht mehr so lieben wie am Anfang“, erklärt Papa. „Manche verstehen sich einfach nicht mehr und streiten oft. Manche lernen einen anderen Menschen kennen, den sie mehr lieben als ihren Mann oder ihre Frau und ihre Kinder.“ Papa trocknet sich die Hände ab und setzt sich neben Steffen.

Der rutscht sofort auf Papas Schoß. „Aber du liebst niemand mehr als mich und Mami?“ fragt er leise.

Papa streichelt Steffen zärtlich. „Nein, ich liebe niemand mehr als dich und Mami.“

Steffen kuschelt sich an Papa.

„Manche Paare trennen sich“, sagt Papa. „Wie die Eltern von Tommi. Deswegen lebt er jetzt allein mit seiner Mutter. Trotzdem hat er natürlich einen Vater.“

„Aber nicht so richtig.“

„Nicht so wie du und die meisten Kinder, das stimmt. Aber manchmal ist es eben besser, wenn Eltern sich trennen . . .“

„Glaub’ ich nicht“, widerspricht Steffen.

„Überleg mal“, sagt Papa. „Wenn sie sich nicht mehr mögen, wenn es dauernd Streit gibt, wenn Männer ihre Frauen und Kinder sogar verprügeln, das ist doch schlimm. Ich glaube, dann ist es besser, sie trennen sich.“

„Mir tut Tommi trotzdem leid.“

„Mir auch“, sagt Papa.

„Kann ich ihn mal mitbringen?“ fragt Steffen.

„Das ist eine gute Idee.“

Warum sagt Lena nein?

Am Nachmittag kommen Isa, Kai und Basti zu Lena. Zuerst spielen sie im Garten, dann verschwinden sie in Lenas Zimmer.

„Jetzt spielen wir Doktor", sagt Basti.

„Schon wieder", stöhnt Isa.

„Ich will nicht", sagt Lena.

Basti achtet gar nicht darauf, was Isa und Lena sagen. „Ich bin der Doktor und muß euch untersuchen. Ihr müßt euch ausziehen, alle drei."

„Ich will aber nicht", sagt Lena.

„Wieso?" fragt Basti. „Doktor spielen ist doch schön."

„Doktor spielen ist doof", widerspricht Lena.

„Wenn wir nicht Doktor spielen, dann gehe ich", sagt Basti.

„Dann geh doch!" Lena ist richtig wütend.

Isa guckt Lena an. „Komm, wir spielen einmal mit, wenn er unbedingt will."

„Nein!" Lena geht zur Tür.

„Wenn du es deiner Mama sagst, verhau' ich dich!" droht Basti.

Lena schlägt die Tür hinter sich zu und läuft zu ihrer Mutter. „Mama, der Basti . . ." Sie stockt.

„Was ist mit Basti?" fragt die Mutter.

„Der will immer . . ."

„Was will er?“ Die Mutter schaut Lena an. „Was ist denn passiert?“

Lena setzt sich auf Mutters Schoß. Die drückt ihre Tochter fest an sich.

„Er will immer Doktor spielen“, sagt Lena. „Er ist der Doktor, und wir müssen uns ausziehen. Dann untersucht er uns. Aber nur am Po und an der Scheide. Und der Kai . . .“ Lena kichert. „Den Kai untersucht er am Penis. Der wird dann ganz hart und gerade. Das sieht lustig aus.“

„Habt ihr das schon öfter gemacht?“

„Ich nur zweimal. Aber mir gefällt das nicht. Der Isa gefällt es auch nicht, aber sie spielt trotzdem

mit. Warum will denn der Basti das immer spielen?"

„Das ist schwer zu sagen", antwortet die Mutter. „Wahrscheinlich macht es ihm Spaß, so wie andere Spiele ihm auch Spaß machen. Oder er ist einfach neugierig, wie Mädchen aussehen."

„Das weiß er doch!" Lena runzelt die Stirn.

„Vielleicht genügt ihm das nicht, und er möchte andere berühren und streicheln", erklärt Mutter und fährt Lena durchs Haar.

„Aber ich will das nicht!"

„Das mußt du auch nicht", sagt die Mutter. „Denn dein Körper gehört nur dir. Und niemand hat das Recht, dich zu berühren oder zu streicheln, wenn du es nicht willst. Niemand. Nicht einmal ich und Papa."

Lena guckt erstaunt. „Aber bei euch ist das schön."

Die Mutter lächelt. „Es ist ja auch etwas Schönes, miteinander zu schmusen. Aber nur, wenn es alle wollen. Wenn Basti oder jemand anders dich streicheln will, und du magst das nicht, dann mußt du nein sagen. Das ist dein gutes Recht. Egal, was die anderen sagen."

Warum bekommt Mama kein Kind?

Timo wacht auf. Es ist duster im Zimmer. Und still. Unheimlich still!

„Steffi, schläfst du noch?“ fragt er leise.

„Nö.“

Sofort schlüpft Timo aus seinem Bett und kriecht zu Steffi. „Warum ist es so still?“ fragt er.

„Weil heute Sonntag ist. Mama und Papa sind noch im Bett.“

„Ach so.“ Timo kuschelt sich eng an seine Schwester.

Nach einer Weile sagt Steffi: „Komm, wir sehen mal nach, ob sie immer noch schlafen.“

Die beiden steigen leise aus dem Bett und schleichen durch die Wohnung. Aus dem Schlafzimmer hören sie Stimmen. Sie öffnen die Tür. Mama liegt bei Papa, ganz eng an ihn

gekuschelt. Steffi und Timo bleiben stehen und sehen sich an.

„Guten Morgen, ihr zwei“, sagt Papa. „Na, was ist?“ Er hebt die Decke hoch.

Timo und Steffi kriechen schnell zu Papa und Mama ins Bett.

„Hilfe“, sagt Mama. „Zu viert in einem Bett, das ist ein bißchen viel.“

„Aber schön“, sagt Timo.

„Kriegst du jetzt ein Kind?“ fragt Steffi ihre Mama.

Mama ist überrascht. „Wie kommst du denn darauf?“

„Unsere Lehrerin hat gesagt, wenn ein Mann und eine Frau ganz eng beieinander im Bett liegen und sich lieben, dann kriegt die Frau ein Kind.“

Timo reißt Mund und Augen auf. „Dann kriegst du ja auch ein Kind!“

„Du spinnst!“ sagt Steffi.

„Aber . . . Wir . . . Wir sind doch vorhin auch zusammen in deinem Bett gelegen.“

„Steffi kann kein Kind bekommen“, beruhigt Mama Timo. „Dazu ist sie noch viel zu jung. Und ich bekomme auch keines.“

„Aber ihr seid doch . . .“ Steffi ist ganz durcheinander.

„Wir sind miteinander im Bett gelegen und haben uns gestreichelt, weil das schön ist“, sagt Papa. „Aber davon bekommt Mama kein Kind.“

„Warum nicht?“ fragt Steffi.

„Weil Papa dazu sein Glied in meine Scheide schieben muß“, antwortet Mama. „Das haben wir euch doch schon erklärt.“

„Und das hat er vorhin nicht getan?“ fragt Steffi.

„Nein.“

„Warum nicht?“ möchte Timo wissen.

„Weil ich keine Lust hatte“, sagt Mama.

„Und du?“ fragt Timo seinen Papa.

„Ich hatte schon Lust. Aber das machen Mama und ich nur, wenn wir beide es wollen. Nur wenn wir beide Lust haben, ist es so richtig schön.“

„Wie ist es, wenn's so richtig schön ist?“ fragt Steffi.

Papa stöhnt. „Oje, das ist schwer zu beschreiben. Es kribbelt und kitzelt im ganzen Körper. Aber am meisten kitzelt es im Glied und in der Scheide. Dort kribbelt es zum Schluß so toll, daß man es kaum noch aushalten kann. Dann fließt der Samen aus meinem Glied in Mamas Scheide . . .“

„Und dann bekommt sie ein Kind“, sagt Steffi.

„Nicht jedesmal“, sagt Mama. „Sonst hätten wir nämlich schon viele, viele Kinder.“ Mama zeigt auf ihren Bauch. „Da drin wachsen von Zeit zu Zeit winzige Eier. Und wenn ein winziges Samentröpfchen von Papa eines dieser Eier erreicht, dann verschmilzt der Samen mit dem Ei, und dann wird aus beiden ein Kind.“

Steffi kuschelt sich ganz dicht an ihre Mama. „Ich möchte so gern noch ein Schwesterchen. Könnt ihr eins machen?“

„Und mir einen kleinen Bruder“, ruft Timo.

Mama und Papa lachen.

„Wie die Herrschaften wünschen“, sagt Papa

und verstellt die Stimme, als wäre er Kellner in einem Restaurant. „Für die Dame ein Schwesterchen, für den Herrn ein Brüderchen. Wird sofort erledigt."

Mama kneift Papa in die Backe. „Quatsch", sagt sie. „Aber im Ernst: Ein Kind möchten wir noch. Ob es allerdings ein Junge oder ein Mädchen wird, weiß man vorher nie."

„Ich nehm' auch noch mal eine Schwester", sagt Timo.

„Und ich einen Bruder."

Mama gibt beiden einen schmatzenden Kuß.

Warum ist Tante Dagmars Bauch so dick?

Simone langweilt sich und ist quengelig. „Wann kommen sie denn endlich?“ fragt sie alle zwei Minuten.

„Es kann bestimmt nicht mehr lange dauern“, antwortet Mama jedesmal.

„Die kommen gar nicht mehr“, meckert Simone und blättert lustlos in einem Buch. Da hört sie ein Auto und läuft zum Fenster. „Sie kommen! Sie kommen!“

Als Tante Dagmar im Flur ihren Mantel auszieht, staunt Simone. „Warum ist denn dein Bauch so dick?“

„Sie bekommt bald ein Baby“, sagt Marco. „Darum!“

„Kann der Bauch nicht platzen?“ fragt Simone.

Die Großen lachen. „Keine Angst“, beruhigt sie Tante Dagmar. „Der kann nicht platzen. Vorher kommt das Baby heraus.“

„Und ihr kommt jetzt erst mal herein“, sagt Papa.

„Spielen wir etwas?“ fragt Marco.

Simone nickt. Doch zuerst will sie noch etwas wissen. „Wie kommt das Baby aus deinem Bauch heraus?“

„Durch die Scheide“, antwortet Tante Dagmar.

„Aber dafür . . . ist es . . . ist es doch viel zu groß“, stottert Simone verwirrt.

„Normalerweise schon, da hast du recht", erklärt Tante Dagmar. „Aber bei der Geburt ist die Scheide so dehnbar wie ein Gummiband. Nur dadurch wird die Öffnung so groß, daß das Baby herauskann. Für die Mutter und das Kind ist es allerdings sehr anstrengend."

„Warum kommt das Baby denn erst zur Welt, wenn es so groß ist?" fragt Simone.

„Weil es sonst nicht kräftig genug zum Leben wäre", antwortet Tante Dagmar. „Neun Monate liegt es gut beschützt und gut versorgt in meinem Bauch. Da wächst es, bis es so groß und stark ist, daß es auch außerhalb von meinem Bauch leben kann. Dann kommt es heraus."

„Komm jetzt endlich", sagt Marco, nimmt Simone an der Hand und geht mit ihr in Richtung Kinderzimmer.

„Ich möchte kein Baby kriegen", sagt Marco auf der Treppe.

„Kannst du auch nicht", sagt Simone. „Weil du nämlich keine Scheide hast, nur einen Zipfel."

„Das ist kein Zipfel", wehrt sich Marco. „Das ist ein Glied."

„Ist doch egal", meint Simone.

Marco schaut sich im Kinderzimmer um. „Was sollen wir spielen?"

Simone hat überhaupt keine Lust zum Spielen.

Sie möchte lieber noch mehr von Tante Dagmars Baby wissen. „Weißt du, wie das Baby im Bauch ißt und trinkt?“

„Klar“, sagt Marco. „Es ißt und trinkt gar nicht. Es bekommt alles von meiner Mama durch die Nabelschnur.“

„Wie?“ Simone macht Kulleraugen.

„So richtig weiß ich das nicht mehr“, gesteht Marco.

„Ich frag’ deine Mama.“ Sofort läuft Simone zurück ins Wohnzimmer. „Tante Dagmar, wie ißt und trinkt das Baby in deinem Bauch?“

„Simone!“ sagt Papa vorwurfsvoll. „Was ist denn heute los mit dir?“

„Nichts, ich möchte es nur wissen.“

„Ich muß für das Baby essen und trinken und atmen“, antwortet Tante Dagmar. „Und von allem, was ich esse und trinke, bekommt das Baby einen kleinen Teil.“

„Wie?“

„Das Baby ist durch die Nabelschnur mit mir verbunden“, sagt Tante Dagmar. „Und durch die Nabelschnur fließt ständig Blut und bringt dem Baby alles, was es braucht.“

„Blut?“ fragt Simone ungläubig.

„Das Baby trinkt natürlich nicht das Blut“, erklärt Mama. „Das ist wie bei dir. Wenn du ein Stück Brot ißt, wandert es zuerst in den Magen, dort wird es zerkleinert und verarbeitet. Die wertvollen Teile sind zum Schluß winzig klein und werden von deinem Blut in den ganzen Körper befördert, damit du wachsen kannst. Und wenn Tante Dagmar ein Stück Brot ißt, bringt das Blut die winzigen Teile eben nicht nur in ihren Körper,

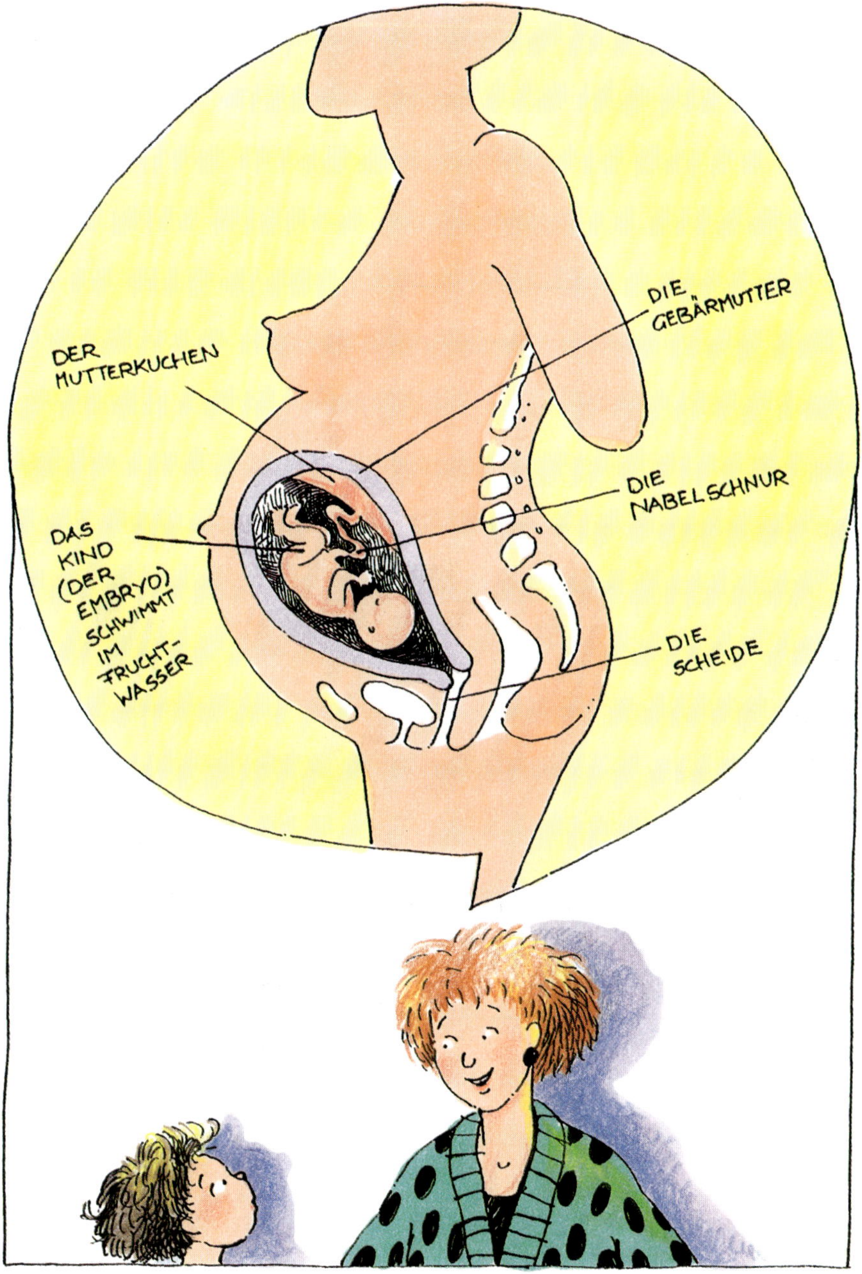
DIE GEBÄRMUTTER
DER MUTTERKUCHEN
DIE NABELSCHNUR
DAS KIND (DER EMBRYO) SCHWIMMT IM FRUCHT-WASSER
DIE SCHEIDE

sondern durch die Nabelschnur auch in den Körper des Babys."

„Wie kann das Blut durch eine Schnur fließen?" fragt Simone.

„Die Nabelschnur ist keine Schnur", antwortet Tante Dagmar. „Die ist mehr ein kleiner Schlauch."

„Warum heißt sie dann so?"

Die Großen sehen sich achselzuckend an.

„Wir wissen es auch nicht", sagt Papa. „Aber du weißt jetzt eine ganze Menge. Ich glaube, das reicht für heute. Marco wartet bestimmt schon auf dich. Oder wollt ihr nicht zusammen spielen?"

„Doch", brummt Simone und trottet davon.

Warum möchte Jochen keine Frau?

Bei Maiers im Bad tropft ein Wasserhahn. Weil Papa Maier und Mama Maier nur linke Hände haben, wird Nachbar Jochen gerufen. Er ist der beste Freund der Maiers. Ohne ihn wären sie bestimmt schon zehnmal ertrunken, erfroren, verhungert und verdurstet. Bisher hat Jochen sie jedesmal davor gerettet. Denn Jochen kann alles, jedenfalls alles, was bei Maiers zu machen ist.

„Das werden wir gleich haben“, sagt Jochen und schraubt das obere Stück vom Wasserhahn ab.

Papa, Mama und Marcella schauen ihm staunend zu.

„Halt mal schnell“, sagt Jochen und drückt Papa eine Zange in die Hand.

Während Jochen die Dichtung auswechselt, fragt Marcella: „Jochen, warum hast du denn keine Frau? Bist du . . . Jetzt fällt mir das doofe Wort nicht ein. Es heißt etwas mit ho."

„Meinst du homosexuell?" fragt Jochen.

In diesem Augenblick rutscht Papa die Zange aus der Hand und knallt genau auf seinen großen Zeh. „Au! Au! Au!" jammert Papa.

„Schnell unters kalte Wasser damit", sagt Jochen.

„Bist du nun homosex. . . oder wie das Wort heißt?"

„Ja, ich bin homosexuell."

„Stimmt es, daß du nur Männer magst und Frauen nicht?"

„Wer hat dir denn das erzählt?" fragt Jochen.

„Henning."

„Das hab' ich mir fast gedacht", sagt Jochen. „Keine Ahnung, aber dumm rumquatschen!"

„Mann, der Zeh tut verdammt weh!" jammert Papa. Doch sein oller Zeh interessiert jetzt keinen Menschen.

„Es gibt viele Männer, die ich nicht ausstehen kann", sagt Jochen. „Und es gibt viele Frauen, die ich mag. Deine Mama mag ich zum Beispiel. Wir verstehen uns prima. Aber ich möchte nicht mit ihr zusammenleben."

„Kannst du auch nicht“, sagt Marcella. „Sie hat ja schon Papa.“

„Auch wenn sie den nicht hätte und allein wäre, möchte ich nicht mit ihr zusammenleben.“

„Warum nicht?“ will Marcella wissen.

„Warum das so ist, weiß ich nicht“, antwortet Jochen. „Bei mir ist es einfach so.“

„Warum magst du kein Eis?“ fragt Mama Marcella.

Marcella zieht die Schultern hoch. „Weil ich keins mag.“

Die Mutter lächelt. „Die meisten Kinder mögen Eis, aber du magst eben keins. Ist das etwa schlimm?“

„Nein!“ ruft Marcella.

„Die meisten Menschen sind Rechtshänder, ich bin Linkshänderin. Bin ich deswegen vielleicht nicht normal?“ fragt Mama.

„Überhaupt nicht!“

„Die meisten Männer leben mit Frauen zusammen“, sagt Jochen. „Ich lebe mit meinem Freund zusammen. Schadet das jemand?“

Marcella schüttelt den Kopf.

„Uns gefällt es so, und wir sind glücklich miteinander. Genau wie andere Männer, die mit Männern zusammenleben. Und wie Frauen, die mit Frauen zusammenleben.“ Jochen schraubt den Wasserhahn wieder zusammen. „Leider denken viele Menschen, nur so, wie sie selbst leben, sei es richtig.“ Er guckt Marcella an. „Ich freue mich, daß sich deine Mama und dein Papa lieben, auch wenn ich nicht so leben möchte wie sie.“

„Und wir freuen uns, daß du mit deinem Freund

glücklich bist“, sagt Mama. „Das ist doch das wichtigste.“

„Und mein kaputter Zeh?“ fragt Papa. „Der ist wohl gar nicht wichtig, was?“

„Aber natürlich, mein Schatz“, sagt Mama. „Der ist auch wichtig. Gleich schmieren wir eine schöne Salbe drauf.“

„Jaja, mach dich nur lustig über mich.“ Papa tut beleidigt.

Mama gibt ihm einen Kuß.

„Schon besser“, sagt Papa und grinst. „Bitte noch mal!“

Jochen dreht den Wasserhahn auf und zu. „Aber das allerwichtigste ist, daß der Wasserhahn nicht mehr tropft. Hab' ich recht?“

Da müssen alle lachen.

PLATSCH

Der Autor

Manfred Mai, 1949 in Winterlingen geboren, wuchs auf einem Bauernhof auf – und war als Kind keine Leseratte! Er machte nach der Schule eine Malerlehre und arbeitete auch in einer Fabrik. Doch er war mit diesem Leben immer weniger zufrieden. In dieser Zeit entdeckte er die Welt der Bücher, las und lernte viel, wurde Lehrer – und Schriftsteller.

Heute lebt Manfred Mai mit seiner Frau und zwei Töchtern in seinem Geburtsort. Und manchmal schreibt er auch, wie man dort „schwätzt“, nämlich schwäbisch.

Die Illustratorin

Dagmar Geisler wurde 1958 in Siegen geboren. In Wiesbaden studierte sie das Zeichnen, und direkt nach dem Studium fing sie an, für verschiedene Verlage Bücher zu illustrieren. Sie ist Mutter eines Sohnes und wohnt in der Frankfurter „Romanfabrik“, einem Haus, in dem mehrere Grafiker und Schriftsteller leben.

Kennst du auch die anderen Warum-Geschichten
von Manfred Mai?

Im Zoo

In der Schule

Beim Arzt und im Krankenhaus

Im Verkehr

Wie es früher war

Die Feuerwehr

Ausländer bei uns

Loewe Schnuppergeschichten

Cordula Tollmien

Pony Monika

22 kurze, farbig illustrierte Geschichten von dem Pony Monika, das eines Tages bei Evas Eltern in der Garage steht, wo es ihm gar nicht gefällt. Nur Eva weiß, wie es dorthin gekommen ist.
Wie Monika schließlich Evas Pony wird und was Eva alles lernen muß, um ihr Pony richtig zu pflegen, davon erzählt dieses Buch spannend und sachkundig zugleich.

Cordula Tollmien

Ente Schneeball

24 kurze, farbig illustrierte Geschichten von Martin und seiner Ente. Als Martin das kleine Entenküken in seinen Händen hält, weiß er plötzlich, daß er seine Ente Schneeball nennen wird. Doch Schneeball bleibt keine kleine Ente, sie wächst, braucht immer mehr Platz und vertreibt sogar den Dackel Cäsar aus seinem Korb. Aber Martin möchte Schneeball um keinen Preis wieder hergeben.
Die Geschichten erzählen humorvoll, spannend und sachkundig von Martins Erlebnissen mit seinem ungewöhnlichen Haustier.